Cantos y rimas

Lecturas fáciles

Cantos y rimas

Ivette López
Universidad de Puerto Rico
Dwight García
Universidad de Puerto Rico

SERIES EDITOR:
José Olivio Jiménez
Hunter College, City University of New York

Regents Publishing Company, Inc.
New York

Copyright © 1983 by Regents Publishing Company, Inc. All rights reserved. No part of this book may be reproduced without permission in writing from the publisher.

ISBN 0-88345-524-2

Published by Regents Publishing Company, Inc.
2 Park Avenue
New York, N.Y. 10016
Printed in the United States of America

10 9 8 7 6 5 4 3 2 1

Book design: Suzanne Bennett & Associates
Cover design: Garrett Loubé Design Associates
Cover illustration: Mark Falls
Illustrations: Ebet Dudley
Photo research: Robert Sietsema
Developmental editor: Dolores M. Koch

Indice

Ivette López, Dwight García (*The authors*)	vi-vii
José Olivio Jiménez (*The series editor*)	vi-vii
To the teacher	viii
To the reader	ix
Al maestro	x
Al lector	xi
1 Tres romances	1
2 Cantos tradicionales	11
3 Dos poetas románticos	19
4 Versos de Martí	29
5 Un poema de Rubén Darío	37
6 Dos poetas contemporáneos	45
7 Canciones hispanoamericanas	57
Respuestas (*Answer Key*)	65

Ivette López
Dwight García

The authors of this book are two young and distinguished Puerto Rican teachers and scholars. Ivette López has a doctorate from Yale University. Dwight García studied at Duquesne University. They are currently teaching at the University of Puerto Rico at Bayamón.

Poetry is the central theme of their numerous lectures and literary studies. In addition, Dwight García is a poet and has translated poems by Reyes Carbonell and Rogelio Nogueras into English.

José Olivio Jiménez

This series is under the supervision of Dr. José Olivio Jiménez, a professor at Hunter College of the City University of New York since 1960. During that time, he has been mentor to numerous students who today also devote themselves successfully to teaching. Dr. Jiménez has edited several literary anthologies that have long been standard high-school and university texts both in the United States and in the Spanish-speaking world.

Dr. Jiménez received doctorates from the University of Havana (1952) and the University of Madrid (1955). He is well known internationally as the author of many books and monographs.

Ivette López
Dwight García

Los autores de este libro son dos jóvenes y distinguidos profesores puertorriqueños, dedicados activamente a la enseñanza del español y a la crítica e investigación literaria. Ivette López tiene un doctorado de Yale University. Dwight García realizó sus estudios en Duquesne University. En la actualidad enseñan en la Universidad de Puerto Rico en Bayamón.

Los numerosos trabajos críticos realizados por ambos profesores se centran alrededor de temas poéticos. Dwight García, además, escribe poesía y ha traducido al inglés poemas de Reyes Carbonell y de Rogelio Nogueras.

José Olivio Jiménez

Esta serie está bajo la supervisión del Dr. José Olivio Jiménez, profesor de Hunter College of the City University of New York desde 1960. A lo largo de esos años, ha sido sucesivamente maestro de muchos estudiantes que hoy se dedican también con entusiasmo y excelentes resultados a la enseñanza. El Dr. Jiménez ha compilado varias antologías literarias que han venido usándose durante muchos años como libros de texto en las universidades y escuelas secundarias de los Estados Unidos y en países de habla hispana.

Graduado de las universidades de La Habana (1952) y de Madrid (1955), el Dr. Jiménez es autor de varios libros y numerosos ensayos, y goza hoy de un gran prestigio internacional.

To the teacher

This series

The readers in *Lecturas fáciles* are divided into four categories, Everyday Life, Art and Culture, Contemporary Fiction, and Literature. They are also divided into four levels of proficiency. The first level utilizes a base vocabulary of 500 words. Each succeeding level is augmented by 500 words. The base vocabulary is derived from two lexicons, *Vocabulario del español hablado*, by Luis Márquez Villegas (Sociedad General Española de Librería, S.A., Madrid, 1975) and *Frequency Dictionary of Spanish Words*, by Alphonse Juilland and Eugenio Chang-Rodríguez (Mouton and Co., The Hague, 1964). A combined list based on the needs of English-speaking students, has been prepared. Terms that are glossed include those that fall outside the vocabulary limits of the level, idiomatic expressions, and grammatical structures that may present problems at that level. For example, wherever the subjunctive appears, it is glossed and identified as such.

The topics have been chosen with the goal of encouraging pleasure in the use of the language and interest in Hispanic culture. In addition, students' vocabularies will increase. However, it is not necessary to have students memorize the vocabulary in each chapter. The vocabulary is there to facilitate reading, and you may use it at your discretion.

The focus on reading skills and the purposeful use of language can be seen in the exercises. They differ from traditional exercises in that they avoid the mechanical application of paradigms and grammatical forms. Their purpose is to check reading comprehension and, in acquiring this skill, increase student ability to use common words and expressions in a natural way. Each chapter contains a large number of varied exercises. The answer key at the back of the book has been perforated so that it can be separated from the text if you prefer.

This book

Cantos y rimas belongs to the category Art and Culture. It is on the second level of proficiency and has a base vocabulary of 1,000 words. The songs and poems chosen, which are from Spain and Spanish-America, have traditional sources or were written by famous authors. Major factors in their selection were easily grasped rhymes and rhythms.

My thanks to Professor René de Costa for generously making available to us the photos of the young Neruda. And very special thanks to Dolores M. Koch, who conceived and is carrying out this project with imagination and enthusiasm, and whose indications have effectively contributed to the realization of *Cantos y rimas*.

J.O.J.

To the reader

Textbooks are not generally written by poets. Students sometimes leave school without having experienced the beauty and musicality of Spanish. Poetic rhythms, read aloud or sung, will help you to improve your intonation and pronunciation. But the main purpose of these readings is to provide you with Spanish material that you can sing, read aloud, or perhaps even memorize, for the sheer pleasure of it.

I.L.
D.G.

Al maestro

Esta serie

Lecturas fáciles está dividida en cuatro categorías: El Mundo Actual, Arte y Cultura, Ficción Contemporánea y Literatura. A su vez, la serie se ha distribuido en cuatro niveles de dificultad. El primer nivel se basa en un vocabulario de 500 palabras. Cada nivel siguiente añade 500 palabras respecto al anterior. Esta distribución se ha basado en un ajuste, motivado por las necesidades lingüísticas del estudiante anglosajón de español, de dos estudios lexicográficos básicos: *Vocabulario del español hablado*, de Luis Márquez Villegas (Sociedad General Española de Librería, S.A., Madrid, 1975) y *Frequency Dictionary of Spanish Words*, de Alphonse Juilland y Eugenio Chang-Rodríguez (Mouton and Co., The Hague, 1964). Las notas incluyen glosas de palabras que están fuera de los límites estipulados, pero que se han juzgado convenientes para el tratamiento del tema específico. También se glosan las expresiones idiomáticas así como las estructuras gramaticales que presentan alguna dificultad para el estudiante. Por ejemplo, si aparecen las formas verbales del subjuntivo, estarán glosadas y señaladas como tales. Los temas han sido seleccionados con vistas a lograr el disfrute en el uso del idioma y avivar el interés por la cultura hispánica. De modo correlativo se ampliará el vocabulario, aunque no es necesario que los alumnos memoricen todas las palabras que acompañan cada capítulo. Aparecen allí para facilitar la lectura, y el maestro puede usarlas a discreción.

Igual criterio ha regido en la elaboración de los ejercicios. Se diferencian fundamentalmente de los ejercicios tradicionales en no insistir en la aplicación mecánica de esquemas o formas gramaticales. Van dirigidos, esencialmente, a reafirmar la comprensión de la lectura y, mediante este adiestramiento, ampliar el manejo de palabras y expresiones comunes en el uso natural de la lengua. Se ha tratado de que cada capítulo de lectura vaya seguido de un número abundante y variado de ejercicios. Las páginas al final del libro que contienen las respuestas han sido perforadas de manera que los estudiantes no tengan acceso a ellas, si el maestro así lo prefiere.

Este libro

Cantos y rimas pertenece a la categoría de Arte y Cultura. A su vez, corresponde al segundo nivel de vocabulario y, por tanto, opera sobre un promedio de 1,000 palabras. Las canciones y poemas escogidos, de España y de Hispanoamérica, proceden de la tradición popular o son de autores famosos. La rima y el ritmo han sido factores decisivos en la selección.

Mis gracias al profesor René de Costa por facilitarnos gentilmente las fotos del joven Neruda. Y muy especiales a Dolores M. Koch, quien concibió y lleva a cabo el proyecto de esta serie con imaginación y entusiasmo, y cuyas sugerencias han contribuido eficazmente a la realización de *Cantos y rimas*.

J.O.J.

Al lector

Nuestros libros de enseñanza no están escritos generalmente por poetas y los estudiantes salen a veces de las aulas sin haber conocido la belleza y musicalidad del español. El ritmo poético, cuando se lee en alta voz o se canta, te ayudará a mejorar la entonación y la pronunciación, pero el propósito principal de estas lecturas es facilitarte material que tú puedas cantar o leer en voz alta con placer, o quizás hasta aprender de memoria, por su cadencia mágica.

I.L.
D.G.

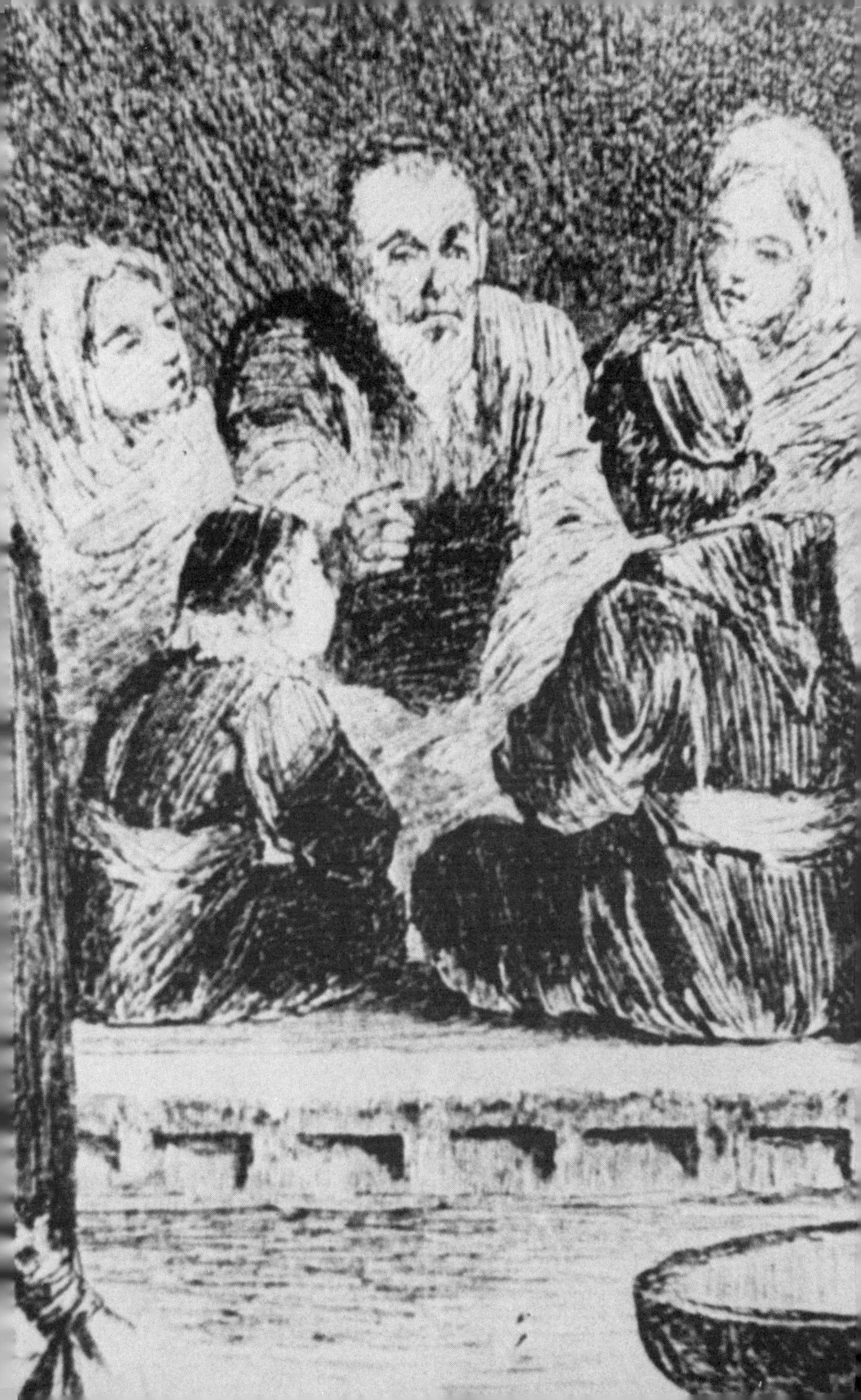

1
Tres romances

Los romances son poemas que en algún tiempo se cantaron. Los más antiguos proceden de la Edad Media y son anónimos. Con el tiempo, **han sido** modificados por el pueblo según pasan de una generación a otra. Por esta razón muchas veces hay varias versiones de un mismo romance. Los tres romances que vas a leer todavía se cantan en España e Hispanoamérica.

En el primero, el **marinero** tiene que tomar una decisión. *¿Qué tiene que decidir? ¿Qué decide?*

El final del "Romance de la esposa **fiel**" es sorprendente. *¿Cuál es la sorpresa? ¿Es feliz este final?*

El tercero cuenta una historia de amor. *¿Qué cosas sobrenaturales ocurren en esta historia? ¿Conoces otras historias con **hechos** como éstos?*

Los romances eran formas antiguas de narrar. La rima ayudaba a memorizar las palabras.

han sido—they have been
marinero—sailor
fiel—faithful
hechos—events

EL MARINERO

Saliendo de Cartagena
cayó un marinero al agua.
—¿Qué me das, **marinerito,**
si te saco de esas aguas?
5 —Te daré mis tres **navíos,**
cargaditos de oro y plata;
a mi mujer por esposa
y a mis hijas por esclavas.
—No quiero tus tres navíos,
10 ni tu oro ni tu plata,
ni a tu mujer por esposa,
ni a tus hijas por esclavas.
Quiero que **cuando te mueras**
a mí **me entregues** el **alma.**
15 —El alma la entrego a Dios,
y el cuerpo, a la mar salada.

---

marinerito—little sailor (*diminutive*)
navíos—ships
cargaditos—loaded, full (*diminutive*)
cuando te mueras—when you die (*subjunctive*)
(que) me entregues—that you give me (*subjunctive*)
(el) alma—soul (*fem.*)

Un caballero parte para la guerra.

ROMANCE DE LA ESPOSA FIEL

Estaba **Catalinita**
sentada bajo un laurel
con los pies en el **arroyo**,
viendo las aguas correr.
5   **En eso** pasó un soldado
y lo hizo detener.
—Dígame, mi soldadito,
¿de la guerra viene usted?
¿No ha usted visto a mi marido
10   en la guerra alguna vez?
—Si lo he visto, no me acuerdo;
déme unas **señas** de él.
—Mi marido es alto y rubio,
tiene tipo de francés,
15   y en el **puño** de su **espada**
lleva las **armas** del rey.
—Por sus señales señora,
su marido muerto **es;**
en la mesa de los **dados**
20   lo ha matado un genovés;

Catalinita—diminutive of Catalina, a proper name *(endearing)*
arroyo—stream
en eso—then
señas, señales—personal description
puño—here, sword hilt, handle
espada—sword
armas—here, coat of arms
es—está *(Old Spanish)*
dados—dice

    por encargo me ha dejado
que me case con usted,
y que cuide sus hijitos
como los cuidaba él.
25   —**¡No me lo permita Dios,
eso sí que no lo haré!**
Siete años lo he esperado
y siete lo esperaré.
Si a los catorce no vuelve,
30   **de monja yo me entraré.**
A mis tres hijos varones
al rey se los mandaré,
que le sirvan de vasallos
y **que mueran** por la **fe.**
35   A mis tres hijas mujeres
conmigo las llevaré.
—¡Calla, calla, Catalina,
cállate, infeliz mujer!
¡Hablando con tu marido,
40   sin poderlo conocer!

ROMANCE DEL CONDE OLINOS

Se le-van-ta el con-de O-li-nos la ma-ña-na de San Juan; va a dar a-gua a su ca-ba-llo a las o-ri-llas del mar.

---

    por encargo—as a commission or duty
    que me case con usted—that I marry you *(subjunctive)*
    No me lo permita Dios—God forbid *(subjunctive)*
    eso sí que no lo haré!—that I certainly won't do!
    de monja yo me entraré—as a nun I will enter *(a convent)*
    que—(para que) so that
    que mueran—let them die *(subjunctive)*
    fe—faith

Se levanta el **conde** Olinos
la mañana de **San Juan**;
va a dar agua a su caballo
a las **orillas del mar.**
5 Mientras el caballo bebe,
él canta un dulce **cantar;**
todas las aves del cielo
se paraban a escuchar;
caminante que camina
10 olvida su caminar;
navegante que navega
la **nave** vuelve hacia allá.
La **reina** estaba **labrando;**
la hija durmiendo está.
15 —Levantáos, Albaniña,
de vuestro dulce **folgar;**
sentiréis el canto hermoso
de la sirena del mar.
—No es la sirenita, madre,
20 la de tan bello cantar,
sino es el conde Olinos
que por mí **penando** está.
—Si por tus amores pena,
yo **maldigo** su cantar,
25 para que nunca **los goce**
yo lo mandaré a matar.
—Si **lo manda a matar,** madre,

---

conde—count, nobleman
San Juan—holiday in honor of the saint
orillas del mar—seashore
cantar—here, song
navegante—one who sails
nave—ship
reina—in some versions of this romance this was a Moorish queen (at war with what was then Spain)
labrando—here, doing needlework, embroidering
folgar—old form of *holgar,* to rest
sentiréis—you will perceive, hear
penando—here, longing
maldigo—present tense of *maldecir,* to curse
los goce—enjoy them *(subjunctive)*
lo manda a matar—orders him to be killed

juntos nos **han de enterrar**.
El murió a la medianoche,
30 ella, **a los gallos cantar**.
A ella, como hija de reyes,
la entierran en el altar;
a él, como hijo de condes,
unos pasos más atrás.
35 De ella nació un **rosal** blanco,
de él nació un **espino albar**;
crece el uno, crece el otro,
los dos se van a juntar;
las **ramitas** que **se alcanzan**
40 fuertes **abrazos** se dan,
y las que no se alcanzaban
no **dejan de suspirar**.
La reina, llena de envidia,
ambos los mandó a cortar;
45 el **galán** que los cortaba
no cesaba de llorar.
De ella nació una **garza**,
de él un fuerte **gavilán**;
juntos vuelan por el cielo,
50 juntos vuelan **a la par**.

---

han de—must
enterrar—to bury *(irreg.)*
a los gallos cantar (al cantar los gallos)—at daybreak
rosal—rosebush
espino albar—English hawthorn with white flowers
ramitas—diminutive of *ramas* (branches)
se alcanzan—reach each other
abrazos—embraces *(n.)*
dejan de—stop
suspirar—to sigh
galán—young man, beau
no cesaba—did not stop
garza—white heron
gavilán—sparrow hawk
a la par—in unison

Tres romances

I. Comprensión. Escoge las frases o palabras que completan la oración. Puede haber más de una selección.

A. EL MARINERO

0. Al comienzo del poema, el marinero
   a. se ahoga en el mar.   b. <u>cae al agua</u>.   c. busca sus tres navíos.

1. En este romance hablan
   a. las hijas del marinero.   b. el marinero y su esposa.
   c. el marinero y un ser sobrenatural.

2. El marinero ofrece, para poder salir del agua,
   a. su alma y su cuerpo.   b. sus navíos, su mujer y sus hijas.   c. sus navíos, todo su oro y su plata.

3. Al final del poema, el marinero decide
   a. entregar su alma a Dios y morir en el mar.   b. entregar a su mujer y sus hijas.   c. entregar su alma al diablo.

B. ROMANCE DE LA ESPOSA FIEL

1. Catalina le pregunta al soldado
   a. si ha visto a su marido.   b. si él es su marido.   c. si viene de la guerra.

2. El marido de Catalina
   a. es alto y rubio.   b. es genovés.   c. tiene tipo de francés.

3. Según el soldado, el marido dijo que ella debe
   a. esperarlo siete años.   b. casarse con él.   c. entrar en un convento.

4. Al final se descubre que el soldado es
   a. un vasallo del rey.   b. un hombre extraño.   c. el marido de Catalina.

C. ROMANCE DEL CONDE OLINOS

1. El canto del conde es
   a. alegre.   b. triste y melancólico.   c. dulce y hermoso.

2, Albaniña se levanta para
   a. ver a la sirena.   b. oír el canto.   c. ver al conde.

3. La reina
   a. manda a matar a su hija.   b. se opone a los amores del conde con su hija.   c. manda a buscar al conde.

4. A Albaniña y al conde los entierran
   a. en sitios cercanos.   b. en sitios lejanos.   c. como hijos de reyes.

5. Después de morir, Albaniña y el conde
   a. están al fin juntos.   b. se transforman los dos en rosales.   c. se transforman en garza y galán.

II. Orden temporal. En el "Romance del conde Olinos", ¿qué sucede primero? ¿qué pasa después? Numera los hechos de acuerdo al orden en que suceden. El primero tiene el número 0.

_____ a. La reina levanta a su hija.
__0__ b. El conde llevó su caballo a beber agua.
_____ c. Las aves se paran para escuchar el canto.
_____ d. Muere el conde Olinos y después Albaniña.
_____ e. Albaniña se transforma en garza.
_____ f. La reina manda a a cortar el espino y el rosal.
_____ g. Los amantes se transforman en plantas.

III. Palabras omitidas. En estas oraciones, faltan una o más palabras. Puedes saber cuáles son según el sentido de la oración o los versos del poema.

0. Dice el marinero: "te <u>daré</u> a mi mujer por esposa".
1. Le entregaré el alma a Dios, y el _____ a la mar salada.
2. Albaniña _____ cuando cantaron los gallos.
3. Al conde lo _____ unos pasos más atrás.
4. Las _____ que no se alcanzan no dejan de suspirar.
5. Del conde _____ un fuerte gavilán.
6. Siete años ha esperado Catalina a su marido, y siete _____ lo esperará.

IV. Conjuntos de palabras. En cada línea, señala cuál palabra no corresponde a la misma idea.

0. a. caballo	b. <u>galán</u>	c. garza	d. gavilán
1. a. navegante	b. marinero	c. marinerito	d. agua
2. a. hermoso	b. dulce	c. bello	d. canto
3. a. enterrar	b. dar	c. matar	d. morir
4. a. puño	b. armas	c. espada	d. soldado
5. a. esclava	b. esposa	c. hija	d. mujer

V. A. ¿De qué nombre son diminutivos las siguientes palabras?

1. marinerito _____
2. ramita _____
3. soldadito _____
4. hijitos _____
5. Catalinita _____
6. sirenita _____

B. ¿Puedes formar los diminutivos?
a) monja _____
b) caballo _____
c) rosa _____
d) cielo _____
e) niña _____
f) Juan _____

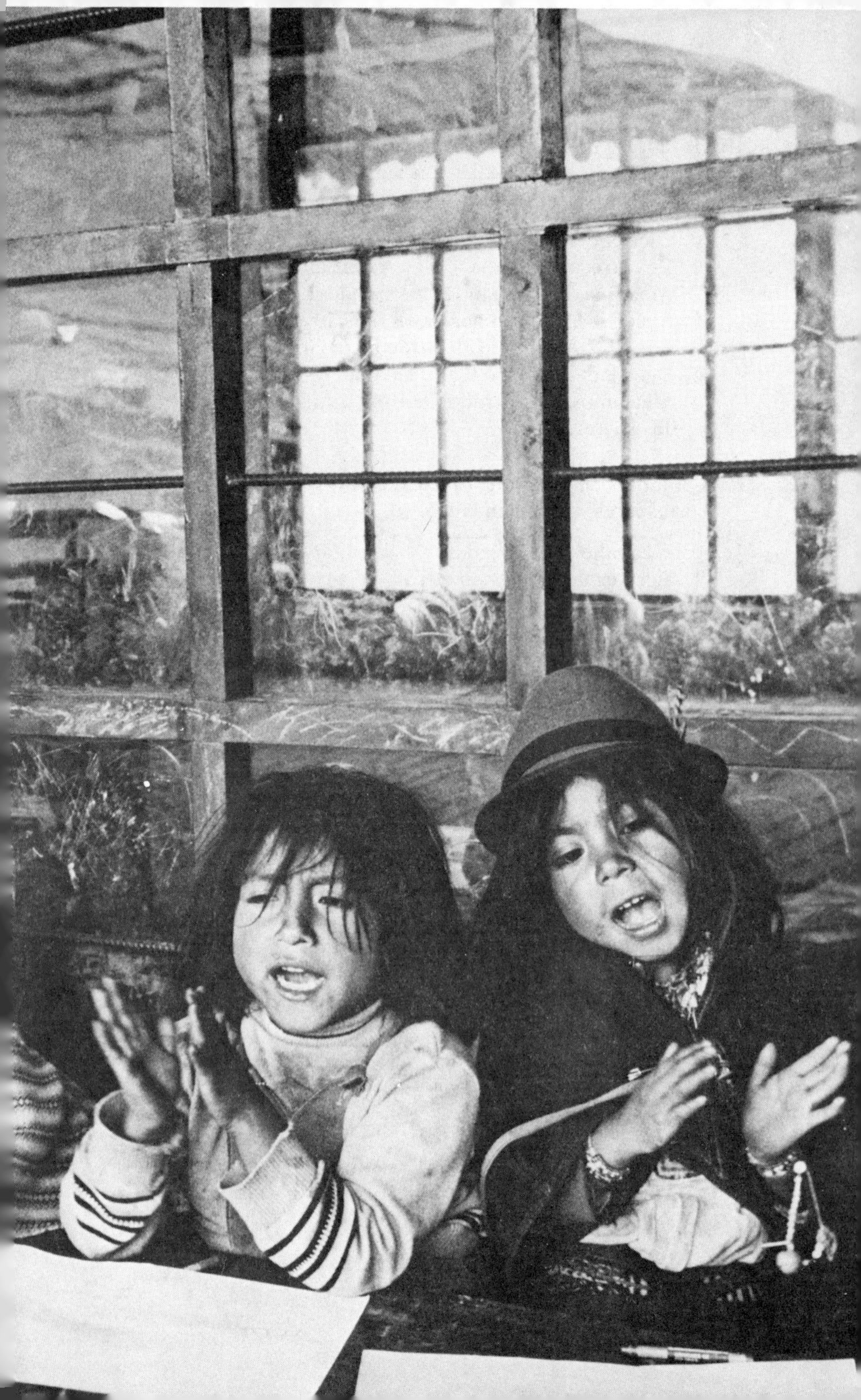

2
Cantos tradicionales

Estas dos canciones son de la tradición popular española, pero se cantan también en toda Hispanoamérica. Ambas son humorísticas y cuentan historias en las que los personajes son animales. Hay muchas versiones de ellas: cada país tiene su versión, y a veces hay varias en un mismo país.

La primera que vas a leer es también un romance. Cuenta lo que le sucedió a un gato. Un proverbio castellano dice que el gato tiene siete vidas. *¿Conoces un* **dicho** *parecido en inglés? ¿Se ve la idea de este proverbio en esta canción?*

El final del segundo canto es algo sorpresivo. *¿Esperabas este final? ¿Por qué?*

Muchas historias tratan de las relaciones entre gatos y ratones. *¿Conoces algunas de ellas? ¿Son malos o buenos los gatos en estas historias? Y en la vida real, ¿son así?*

Niños en Ecuador aprenden ritmos y melodías *(UNICEF/ Bernard P. Wolff).*

dicho—saying

ROMANCE DE DON GATO

[Musical notation: Es-ta-ba el se-ñor don Ga-to en si-lla de o-ro sen-ta-do, cal-zan-do me-dias de se-da y za-pa-tos co-lo-ra-dos,]

Estaba el señor don Gato
en silla de oro sentado,
calzando medias de seda
y zapatos **colorados,**
5   cuando llegó la noticia
que **había de ser casado**
con una gatita rubia,
hija de un gato **dorado.**
Don Gato, con la alegría,
10 subió a bailar al **tejado,**
tropezó con la **veleta,**
rodando se vino abajo.
Se rompió siete **costillas**
y la **puntita del rabo.**
15 Llamaron a los doctores
y también al **cirujano;**
unos le toman el pulso,

---

calzando—wearing (on the feet)
colorados—red
había de ser casado—was going to be married
dorado—golden
tejado—(tile) roof
veleta—weather vane
rodando—rolling
costillas—ribs
puntita del rabo—the very end of the tail
cirujano—surgeon

otros le miran el rabo;
no lo pudieron curar
20 y al pobre **lo han desahuciado.**
A la mañana siguiente
ya van todos a enterrarlo.
Las gatas visten **de luto,**
los gatos, **capotes pardos,**
25 y los gatitos pequeños
también **se han enlutado.**
Los ratones de contento
por las calles van **saltando.**
Al pasar con el entierro
30 por la Calle del Pescado,
al olor de las sardinas
el muerto **ha resucitado.**
Los ratones corren, corren,
y detrás de ellos, el gato.

La música desde temprana edad ayuda el desarrollo físico y emocional.

---

lo han desahuciado—declared beyond medical help
de luto—in black, in mourning
capotes—large capes
pardos—here, dark
se han enlutado—dressed in mourning
saltando—jumping
ha resucitado—has come back to life

EL CASAMIENTO DEL PIOJO Y LA PULGA

El **piojo** y la **pulga** se quieren casar,
y no se han casado **por falta de** pan.

Responde una **hormiga** desde su **hormigal**:
—**Que se hagan las bodas,** que yo daré el pan.

5 —¡**Albricias**, albricias, ya el pan lo tenemos!
Pero ahora la carne, ¿dónde **la hallaremos**?

Respondió un **lobo** desde aquellos **cerros:**
—Que se hagan las bodas, yo daré **becerros.**

—¡Albricias, albricias, ya carne tenemos!
10 Pero ahora el vino, ¿dónde lo hallaremos?

Respondió un mosquito de lo **alto** de un pino:
—Que se hagan las bodas, que yo daré el vino.

---

piojo—louse
pulga—flea
por falta de—for lack of
hormiga—ant
hormigal—made-up word; its ending (-al) means "place." *Arañal* and *ranal* are also made-up.
que se hagan las bodas—let's celebrate the wedding
¡albricias!—oh, joy!
la hallaremos—we will find it
lobo—wolf
cerros—hills
becerros—calves
alto—here, top

—¡Albricias, albricias, ya vino tenemos!
Pero ahora **quien toque,** ¿dónde lo hallaremos?
15 Responde la **araña** desde al arañal:
—Que se hagan las bodas, que yo iré a tocar.

—¡Albricias, albricias, quien toque tenemos!
Pero ahora **quien baile,** ¿dónde lo hallaremos?
Responde una mona desde su **nogal:**
20 —Que se hagan las bodas, que yo iré a bailar.

—¡Albricias, albricias, quien baile tenemos!
Pero ahora quien cante, ¿dónde lo hallaremos?
Responde una **rana** desde su ranal:
—Que se hagan las bodas, que yo iré a cantar.

25 —¡Albricias, albricias, quien cante tenemos!
Pero ahora **madrina,** ¿dónde la hallaremos?
Responde una gata desde la cocina:
—Que se hagan las bodas, yo seré madrina.

—¡Albricias, albricias, madrina tenemos!
30 Pero ahora **padrino,** ¿dónde lo hallaremos?
Responde un ratón de todos **vecino:**
—Que se hagan las bodas, yo seré el padrino.

Y estando las bodas **en todo su tino,**
saltó la madrina y se comió al padrino.

---

quien toque—someone to play *(tocar)* an instrument. Literally, someone who would play *(subjunctive)*
araña—spider
quien baile—someone to dance *(subjunctive)*
nogal—walnut tree
rana—frog
madrina—here, matron of honor
padrino—here, best man
vecino—neighbor
en todo su tino—here, at its height

Cantos tradicionales

I. Hay dos clases de rima: asonante y consonante. En la rima asonante, sólo las vocales a partir de la acentuada son iguales: lUtO y mUdO, gAtO y pescAdO. En la rima consonante todas las letras, no sólo las vocales, son las mismas a partir de la vocal acentuada: tejADO y sentADO, pINO y vINO.

En los romances y cantos tradicionales los versos libres (líneas sin rima) generalmente alternan con versos de rima asonante. Del grupo de palabras siguiente,

A. ¿cuáles tienen rima asonante?
   a) 1. rabo 2. dorado 3. cirujano 4. alegría 5. zapatos
   b) 1. abajo 2. gato 3. casado 4. boda 5. saltando
   c) 1. estaba 2. colorado 3. gata 4. cansada 4. curada
B. ¿Y cuáles tienen rima consonante?
   a) 1. calzando 2. rodando 3. subiendo 4. llamando 5. tropezando
   b) 1. cerro 2. becerro 3. entierro 4. perro 5. capote
   c) 1. desahuciar 2. bailar 3. resucitar 4. correr 5. enterrar

II. Comprensión y discusión. Contesta estas preguntas sobre "El casamiento del piojo y la pulga".

1. ¿Por qué no se han casado el piojo y la pulga?
2. ¿Dónde estaba el mosquito?
3. ¿Quién va a traer becerros y por qué?
4. ¿Qué animal tiene muchas patas y se parece a una mano, apropiada para tocar?
5. ¿Por qué se dice que el ratón era vecino de todos?
6. ¿Cómo terminan las bodas?
7. En este romance hay tres verbos en futuro en la primera persona. ¿Puedes encontrarlos?

III. Llena los espacios en blanco. Escribe la palabra que falta, usando **a, al, con, de, desde, en, para** y **por**, según el caso. No confundas **para** *(for; in order to)* con **por** *(because of; through)*.

0. El gato estaba sentado __en__ una silla __de__ oro.
1. Se iba a casar _____ una gatita.
2. Subió _____ bailar _____ tejado.
3. Tropezó _____ la veleta.

4. Llamaron ____ los doctores y ____ cirujano.
5. Los gatos se visten ____ luto.
6. Los ratones iban saltando ____ las calles.
7. ____ olor ____ las sardinas, don Gato resucitó.
8. La mona responde ____ su nogal.
9. No se han casado ____ falta ____ pan ____ la boda.

IV. Sinónimos. Parea las palabras que quieran decir más o menos lo mismo.

____ a. dorado	0. alegre
____ b. casamiento	1. punta
_0_ c. contento	2. boda
____ d. tejado	3. rojo
____ e. hallar	4. techo
____ f. puntita	5. de oro
____ g. colorado	6. encontrar

V. Estos versos son de otra versión de "El casamiento del piojo y la pulga". Siguen un orden en cuanto a la rima, y algunos versos se repiten. ¿Puedes llenar los blancos con las palabras que faltan?

0. ¡**Bendito sea** (*blessed be*) Dios, que todo tenemos!
   Pero ahora quien **guise** (*cook, subj.*), ¿dónde lo hallaremos?
   Dijo la gallina desde su corral:
   —Hágase la boda, que yo iré a <u>guisar</u>
1. ¡Bendito sea Dios, que todo ____ !
   Pero ahora quien **hile** (*spin, subj.*), ¿dónde lo hallaremos?
   Contestó la araña desde su **telar** (*loom*):
2. —Hágase la boda, que yo voy a ____ .
   ¡Bendito sea Dios, que todo tenemos!
3. Pero ahora quien cante, dónde lo ____ ?
   Contestó el mosquito desde el **mosquital** (*made-up word*):
4. —Hágase la boda, que yo iré a ____ .
   ¡Bendito sea Dios, que todo tenemos!
   Pero ahora padrino, ¿dónde lo hallaremos?
   Contestó el ratón en tono **ladino** (*cunning*):
5. —Hágase la boda, yo seré el ____ .
   Se hicieron las bodas y hubo mucho vino;
   soltaron al gato y se comió al padrino.
   ¡Ah, qué cosa mala, **lo que** (*what*) sucedió!
6. Soltaron al ____ , y todo se acabó.

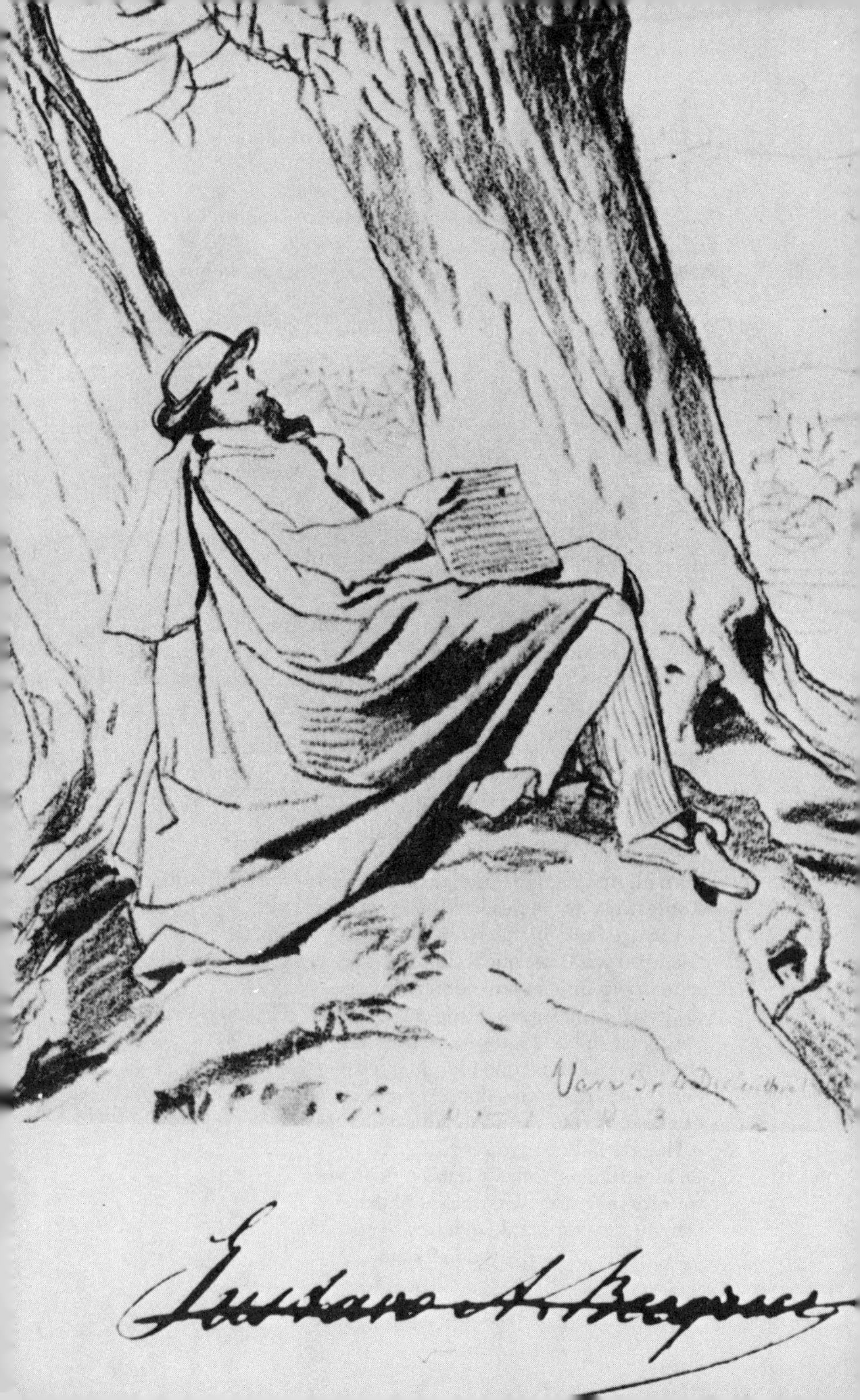

3
Dos poetas románticos

Gustavo Adolfo Bécquer y Rosalía de Castro son dos poetas de la segunda mitad del siglo diecinueve. Bécquer es sevillano. Rosalía es gallega: nació en Galicia, al noreste de España. Su poesía es nostálgica y melancólica. La angustia, los sueños y los ideales son algunos de sus temas característicos. La actitud de esta poeta ante la vida es algo pesimista: piensa que la alegría y la felicidad no son posibles, y que sólo los sueños le dan sentido al mundo. *¿Se ve esta visión en el primer poema que vas a leer? ¿Cómo?* En el segundo, habla sobre las campanas. *¿Con qué compara su sonido? ¿Qué piensa de ellas?*

Bécquer, como Rosalía, tuvo una vida dura y difícil. La búsqueda constante de un amor ideal es su tema central: la belleza femenina lo inspira, pero el amor no dura, se acaba. Entonces el dolor y la nostalgia se vuelven, como en la poesía de Rosalía, los sentimientos predominantes. El conjunto de sus poemas se publicó con el título de *Rimas*. *¿Cuáles de estos poemas están dirigidos a la mujer que amó? ¿Cuáles a la que ama? ¿Hay alguno que hable sobre la amada sin estar dirigido a ella?*

Retrato y firma de Gustavo Adolfo Bécquer. El dibujo es de su hermano Valeriano y está fechado en 1863.

Rosalía de Castro

YO NO SÉ LO QUE BUSCO ETERNAMENTE

Yo no sé lo que busco eternamente
en la tierra, en el aire y en el cielo
yo no sé lo que busco, pero es algo
que perdí no sé cuándo y que no encuentro,
aun cuando sueñe que invisible **habita**
en todo cuanto toco y cuanto veo.
Felicidad, no **he de volver a hallarte**
en la tierra, en el aire ni en el cielo,
¡aun cuando sé que existes
y no eres **vano sueño!**

> **aun cuando sueñe**—even though I dream *(subjunctive)*
> **habita**—inhabits
> **en todo cuanto**—in everything that
> **felicidad**—happiness
> **(no) he de volver a hallarte**—I shall (not) find you again
> **vano sueño**—foolish, empty dream

LAS CAMPANAS

Yo las amo, yo las oigo,
cual oigo el rumor del viento,
el murmurar de la fuente,
o el **balido** del **cordero.**
5 Como los pájaros, ellas,
tan pronto **asoma** en los cielos
el primer rayo del **alba,**
lo saludan con sus ecos.
Y en sus notas, que **van prologándose**
10 por los llanos y los cerros,
hay algo de **candoroso,**
de **apacible** y **halagüeño.**
Si por siempre **enmudecieran,**
¡qué **tristeza** en el aire y en el cielo!
15 ¡qué silencio en las iglesias!
¡qué **extrañeza** entre los muertos!

---

cual—as
balido—bleating
cordero—lamb
asoma—appears
alba—dawn
van prologándose—keep lingering
candoroso—candid, innocent
apacible—peaceful
halagüeño—pleasing
si enmudecieran—if they became silent *(subjunctive)*
tristeza—sadness
extrañeza—strangeness, feeling of something missing

Gustavo Adolfo Bécquer

Retrato pintado por su hermano Valeriano *(MAS)*.

RIMAS

1
Los suspiros son aire, y van al aire.
Las lágrimas son agua, y van al mar.
Dime, mujer: cuando el amor se olvida,
¿sabes tú adónde va?
(XXXVIII)

2
¿Qué es poesía?—dices mientras **clavas**
en mi pupila tu pupila azul—.
¿Qué es poesía? ¿Y tú me lo preguntas?
Poesía . . . eres tú.
(XXI)

---

clavas—you fix (literally, you nail)

3
—Yo soy ardiente, yo soy morena,
yo soy el símbolo de la pasión;
de **ansia de goces** mi alma está llena;
¿a mí me buscas?—No es a ti, no.

—Mi frente es pálida; mis **trenzas** de oro;
puedo **brindarte dichas** sin fin;
yo de **ternura** guardo un tesoro;
¿a mí me llamas?—No, no es a ti.

—Yo soy un sueño, un imposible,
vano fantasma de niebla y luz;
soy **incorpórea,** soy intangible;
no puedo amarte.—¡Oh, ven; ven tú!
(XI)

La familia Espín. Se cree algunas de las *Rimas* fueron inspiradas por Julia Espín *(a la izquierda).*

---

ansia de goces—yearning for pleasure
trenzas—braids
brindarte—offer you
dichas—joys, happiness
ternura—tenderness
incorpórea—without a body

4
Asomaba a sus ojos una **lágrima**
y a mi labio una frase de perdón;
habló el **orgullo** y **se enjugó su llanto,**
y la frase en mis labios **expiró.**

Yo voy por un camino, ella por otro;
pero al pensar en nuestro mutuo amor,
yo digo aún: ¿Por qué **callé** aquel día?
y ella **dirá:** ¿Por qué no lloré yo?
                    (XXX)

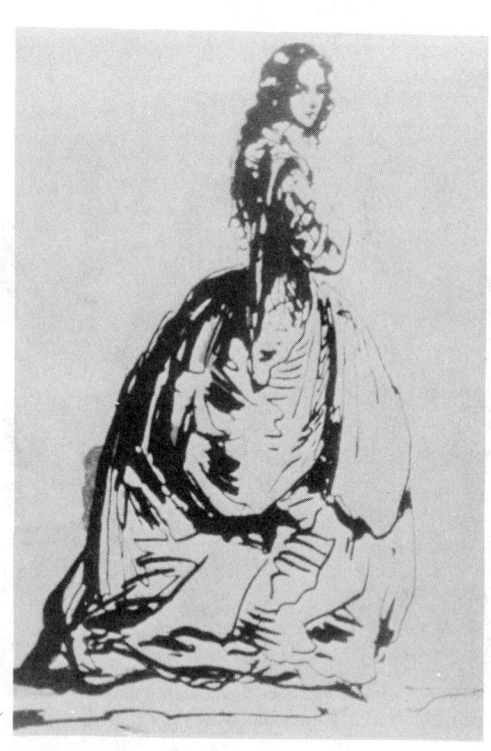

Una muchacha
de la época.
Dibujo de
Valeriano Bécquer.

---

asomaba—was coming out
lágrima—tear
orgullo—pride
se enjugó su llanto—her tears were wiped off
expiró—died (the phrase)
callé—I was silent
dirá—will probably say

5

Volverán las oscuras **golondrinas**
en tu balcón sus **nidos a colgar,**
y otra vez con el **ala** a sus cristales
jugando llamarán;

pero aquellas que el vuelo **refrenaban**
tu **hermosura** y mi **dicha** al contemplar,
aquellas que aprendieron nuestros nombres,
ésas... ¡no volverán!

Volverán las **tupidas madreselvas**
de tu jardín las **tapias** a escalar,
y otra vez a la tarde, aún más hermosas,
sus flores se abrirán.

pero aquellas **cuajadas de rocío,**
cuyas gotas mirábamos temblar
y caer, como lágrimas del día...,
ésas... ¡no volverán!

Volverán del amor en tus oídos
las palabras ardientes a sonar;
tu corazón de su profundo sueño
tal vez despertará;

pero **mudo** y **absorto** y **de rodillas,**
como se adora a Dios ante un altar,
como yo te he querido... **desengáñate,**
¡así no te querrán!   (LIII)

---

golondrinas—swallows
nidos—nests
colgar—to hang
ala—wing
refrenaban—used to restrain
hermosura—beauty
dicha—happiness
tupidas madreselvas—dense honeysuckle
tapias—walls
cuajadas de—covered with
rocío—dew
cuyas—of which, whose
gotas—drops
mudo—silent, mute
absorto—absorbed, entranced
de rodillas—kneeling
desengáñate—don't fool yourself

Dos poetas románticos

I. Comprensión y discusión.
1. ¿Cómo se llaman las personas nacidas en Galicia? ¿Y en Sevilla?
2. Las ansias románticas exceden lo posible. ¿Convierte esto a los poetas de esa época en optimistas o pesimistas?
3. ¿Qué es lo que ha perdido Rosalía de Castro?
4. Para Rosalía, ¿qué es parte del mundo natural?
5. ¿Qué es parte del mundo natural para Bécquer en la primera rima?
6. Como no puede expresar lo que es poesía, ¿con qué la compara?
7. En la cuarta rima, ¿por qué no lloró ella? ¿Por qué no dijo él la frase de perdón?
8. ¿Para qué refrenaban el vuelo las golondrinas?

II. Antecedentes. ¿A qué palabras o frase se refiere la palabra en cursiva *(italics)*?
0. Yo *las* amo, yo las oigo
   las—las campanas
1. Como los pájaros, *ellas*,
   tan pronto asoma en los cielos
   el primer rayo del alba,
   lo saludan con *sus* ecos.
2. ¿Qué es poesía? ¿Y tú me *lo* preguntas?
3. Yo voy por un camino, ella por *otro;*
   pero al pensar en *nuestro* mutuo amor
4. *Aquellas* que aprendieron nuestro nombres
   ésas . . . ¡no volverán!
5. Y otra vez a la tarde, aún más hermosas,
   sus flores se abrirán.
6. Pero *aquellas* cuajadas de rocío
   cuyas gotas mirábamos temblar

III. Concordancia. Llena los espacios con la palabra que concuerde.
0. Perdí algo no sé cuándo.
   a. sé b. se c. sabe
1. Sé que existes y no _____ vano sueño.
   a. son b. eres c. es
2. Si las campanas _____, el aire y el cielo quedarían tristes.
   a. enmudeciera b. enmudecieran c. enmudezco
3. Los suspiros _____ al aire.
   a. vamos b. va c. van
4. Tú _____ en mi pupila la tuya.
   a. clavas b. clavan c. clavo
5. No te busco a _____.
   a. lo b. ti c. te
6. ¿Por qué no _____ aquel día?
   a. lloro b. lloré c. lloraré
7. _____ me llamas a mí.
   a. yo b. tu c. tú

IV. Lee en alta voz y encuentra la palabra que no rima exactamente (rima consonante) con las demás de la línea.

0. mar	cantar	altar	<u>mal</u>
1. balido	olvido	cielo	oído
2. poesía	Rosalía	lágrima	día
3. imposible	intangible	amable	apacible
4. morena	pena	tenga	llena
5. tercero	cordero	primero	número
6. perdón	rumor	corazón	son
7. extrañeza	tristeza	trenza	belleza

V. Sinónimos. Parea las palabras de una columna con las de la otra que quieran decir más o menos lo mismo.

_____ a. eternamente   0. felicidad
_____ b. candoroso   1. siempre
__0__ c. dicha   2. belleza
_____ d. brindar   3. ofrecer
_____ e. hermosura   4. deseo
_____ f. ansia   5. cándido

27

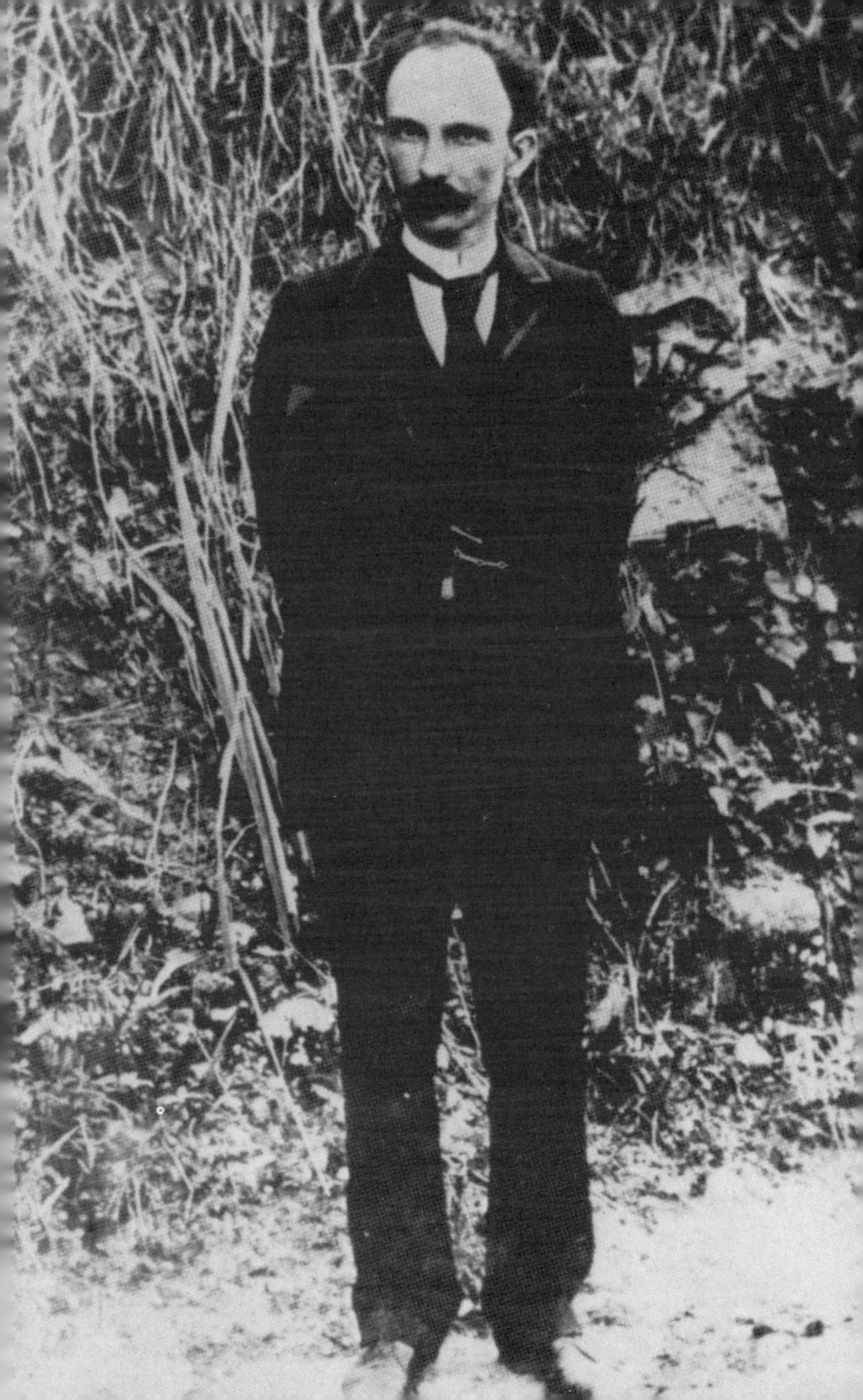

4
Versos de Martí

Quizás conoces algunos de estos versos. La canción "Guantanamera",* muy popular desde hace algunos años, ha hecho famosos estos versos aun entre aquellos que no conocen otros poemas de su autor, el cubano José Martí. Martí fue un poeta, ensayista y patriota del siglo XIX. Después de un largo exilio en Nueva York, donde era **periodista,** Martí murió luchando por la independencia de su país. Es muy admirado en toda Hispanoamérica, no sólo por lo que escribió, sino también por su total dedicación a la libertad de Cuba.

Sus poemas están escritos en un lenguaje sencillo y tienen un mensaje humano. Con la excepción del **estribillo,** que no es de Martí, los versos de "Guantanamera" y los dos poemas que siguen son de su libro *Versos sencillos* (1891). En el prólogo, el autor dice "Mis amigos saben cómo me salieron del corazón estos versos". *¿Qué líneas presentan esta idea? ¿Cómo es la persona que habla en estos poemas? ¿Qué cosas son importantes para él?*

Finalmente, leerás el romance "Los dos príncipes". Martí cuenta dos historias. *¿Qué cosas son similares en ambas historias? ¿Cuáles son diferentes?*

***Guantanamera** means 'from Guantánamo', a town in Cuba. The music and the refrain come from a country song where the singer used to improvise the words to narrate events of the day. According to writer Alejo Carpentier, part of the music comes from a version of "Gerineldo," a very old Spanish romance.
periodista—journalist, columnist
estribillo—refrain

GUANTANAMERA

[Musical notation with lyrics: Guantanamera, guajira guantanamera, guantanamera, guajira guantanamera. Yo soy un hombre sincero de donde crece la palma, de donde crece la palma y antes de morirme quiero echar mis versos del alma.]

Yo soy un hombre sincero
de donde **crece** la palma
y antes de morirme quiero
echar mis versos del alma.

5　Guantanamera, **guajira** guantanamera.
Guantanamera, guajira guantanamera.

Mi verso es de un verde claro
y de un **carmín** encendido.
Mi verso es un **ciervo** herido
10　que busca en el monte **amparo.**

---

crece—present tense of *crecer,* to grow
echar—to pour out, to cast
guajira—person who lives in the country (Cuban word). Here, a type of country song.
carmín—crimson red
ciervo—deer
amparo—protection

Guantanamera, guajira guantanamera . . .
Con los pobres de la tierra
quiero yo mi **suerte** echar.
El arroyo de la **sierra**
15 me complace más que el mar.

Guantanamera, guajira guantanamera . . .
Cultivo una rosa blanca
en julio como en enero
para el amigo sincero
20 que me da su mano **franca**.

Guantanamera, guajira . . .
Y para el cruel que me arranca
el corazón con que vivo,
cardo ni **oruga** cultivo:
25 cultivo una rosa blanca.

Guantanamera, guajira . . .

YO QUIERO SALIR DEL MUNDO

Yo quiero salir del mundo
por la puerta natural:
en un carro de hojas verdes
a morir me han de llevar.

No me pongan en lo oscuro
a morir como un traidor:
yo soy bueno y como bueno
moriré de cara al sol!

---

suerte—luck
sierra—mountains
franca—sincere
cardo—thistle
oruga—rocket (plant of the mustard family)

TIENE EL LEOPARDO UN ABRIGO

Tiene el leopardo un **abrigo**
en su monte seco y pardo:
Yo tengo más que el leopardo
porque tengo un buen amigo.

Tiene el señor presidente
un jardín con una fuente,
y un tesoro en oro y **trigo:**
tengo más, tengo un amigo.

LOS DOS PRÍNCIPES

El palacio está de luto,
y en el trono llora el rey,
y la reina está llorando
donde no la pueden ver:
5 en pañuelos de **holán** fino
lloran la reina y el rey.
Los señores del palacio
están llorando también.

Los caballos no han comido,
10 porque no quieren comer.
El laurel del patio grande
quedó sin hoja esta vez:
todo el mundo fue al entierro
con **coronas** de laurel.
15 —¡El hijo del rey se ha muerto!
¡Se le ha muerto el hijo al rey!

En los **álamos** del monte
tiene su casa el **pastor**
La pastora está diciendo:
20 —"¿por qué tiene luz el sol?"

---

abrigo—here, shelter
trigo—wheat
holán—Dutch linen
coronas—here, wreaths
álamos—poplars
pastor—shepherd

Las **ovejas cabizbajas,**
vienen todas al **portón.**
¡Una **caja,** larga y honda,
está **forrando** el pastor!
25 Entra y sale un perro triste;
canta allá dentro una voz:
—"Pajarito, yo estoy loca,
llévame donde él voló!"
El pastor coge llorando
30 la **pala** y el **azadón;**
abre en la tierra una **fosa,**
echa en la fosa una flor:
—¡**Se quedó** el pastor sin hijo!
¡Murió el hijo del pastor!

---

ovejas—sheep
cabizbajas—pensive (literally, with lowered heads)
portón—gate
caja—here, coffin
forrando—lining, covering
pala—shovel
azadón—pick, spade
fosa—grave
se quedó (sin)—was left (without)

Versos de Martí

I. Señala cuáles oraciones son ciertas (C) y cuáles son falsas (F). Re-escribe las falsas para que sean ciertas.
   0. La persona que habla es de un país frío. F
      La persona que habla es de donde crece la palma.
   1. No tiene amigos.
   2. Cultiva una rosa para su enamorada.
   3. El señor presidente es pobre.
   4. El pastor vive en el palacio.
   5. El pastor tenía dos hijos.
   6. La pastora dice que se quiere morir.
   7. La reina se esconde *(hides)* para llorar.

II. Pareo. Las palabras y frases de la columna del lado derecho completan las oraciones que empiezan en la columna del lado izquierdo. ¿Puedes parearlas?
   _____ a. Las ovejas
   _____ b. El rey llora
   __0__ c. Una voz
   _____ d. El hijo del rey
   _____ e. Los caballos
   _____ f. El señor presidente
   _____ g. Cultivo
   _____ h. El palacio

   0. canta allá adentro.
   1. no quieren comer.
   2. tiene un jardín y un tesoro.
   3. una rosa blanca.
   4. vienen al portón.
   5. está de luto.
   6. se ha muerto.
   7. en el trono.

III. Llena los espacios. Escoge la alternativa que complete la oración.
   0. Yo soy un hombre sincero.
      a. Tú   b. Yo   c. Nosotros
   1. Mi verso _____ un ciervo herido.
      a. es   b. soy   c. fueron
   2. El leopardo _____ un abrigo en su monte.
      a. tienen   b. tiene   c. tengo
   3. _____ están llorando.
      a. El rey   b. El rey y la reina   c. La reina
   4. El laurel _____ sin hojas.
      a. quedé   b. quedó   c. quedo
   5. El pastor coge _____ la pala y el azadón.
      a. llorar   b. llora   c. llorando
   6. La reina está llorando donde no _____ pueden ver.
      a. lo   b. la   c. las

IV. Antónimos. Cada una de estas palabras tiene una palabra opuesta. Trata de encontrarla en los poemas. Luego escribe el verso en que se encuentra.

0. después   <u>antes</u>   y antes de morirme quiero
1. oscuro   _____
2. desamparo _____
3. enemigo   _____
4. entrar   _____
5. vivir   _____
6. malo   _____
7. pequeño   _____
8. corta   _____
9. alegre   _____
10. afuera   _____

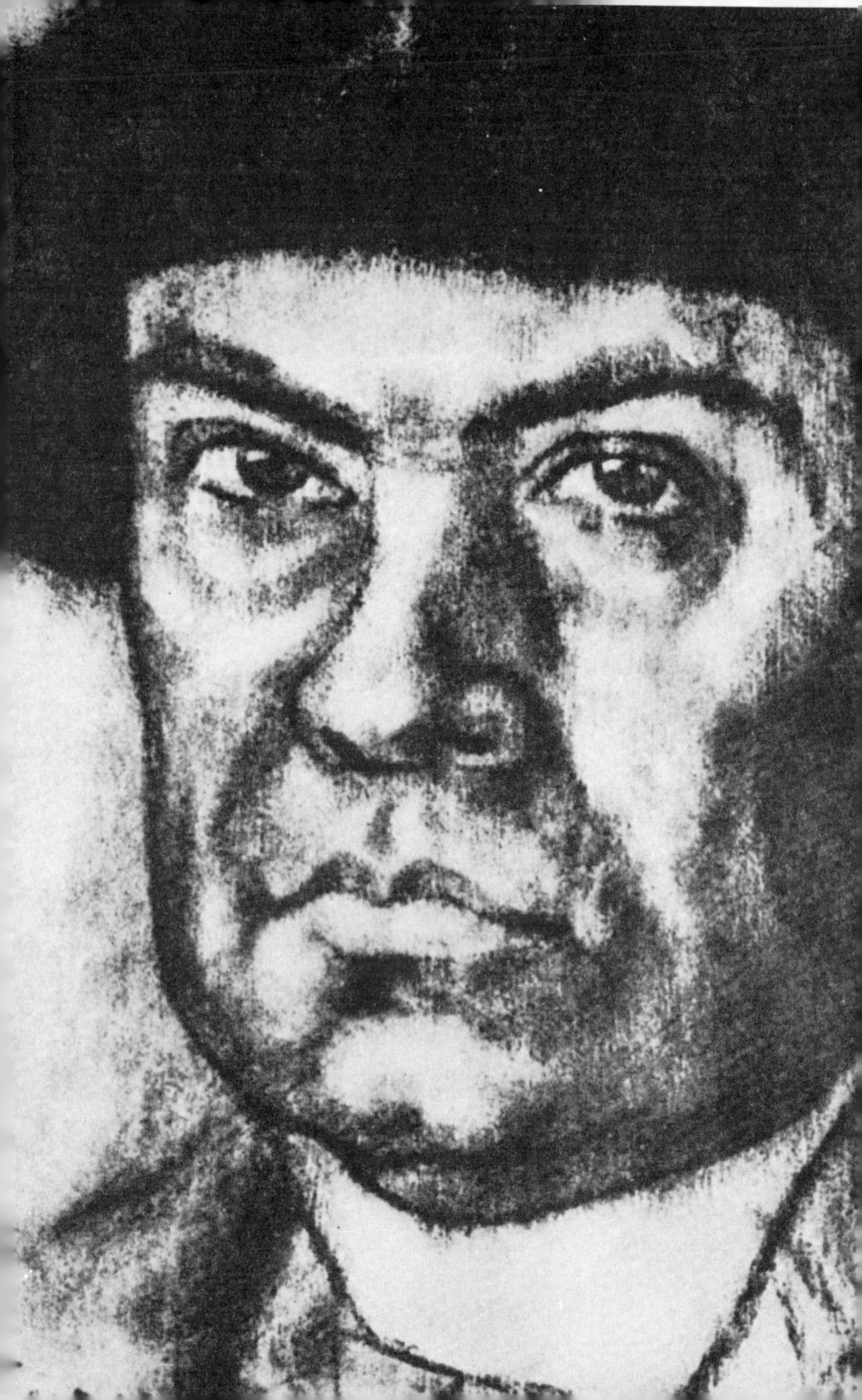

5
Un poema de Rubén Darío

Ruben Darío es un poeta nicaragüense de fines del siglo diecinueve y principios del veinte. Sus poemas tienen la importancia de traer un sentido nuevo de cadencia y belleza a la poesía hispanoamericana. Darío consiguió su objetivo usando tipos de versos y rimas que en su época eran poco comunes. El ritmo y la musicalidad de sus composiciones lo convierten en un innovador. Sus poemas presentan a veces temas exóticos, de princesas y países lejanos; en otras ocasiones trata aspectos esenciales del mundo hispanoamericano y del hombre universal.

¿Con cuál de estos temas puedes relacionar el poema "A Margarita Debayle"?
¿Con quién se compara a Margarita? ¿Por qué?
¿Cómo describirías los sucesos que se cuentan en el poema?
¿Suceden así en la vida real?
¿Qué le pide a Margarita la persona que le cuenta el cuento?

Rubén Darío (derecha) y el Dr. Debayle, padre de Margarita.

A MARGARITA DEBAYLE

Margarita, está linda la mar,
y el viento
lleva **esencia sutil** de **azahar;**
yo siento
en el alma una **alondra** cantar:
tu acento.
Margarita, te voy a contar
un cuento.

---

esencia—here, scent, fragrance
sutil—subtle
azahar—orange or lemon blossom
alondra—lark

Este era un rey que tenía
un palacio de diamantes,
una **tienda** hecha del día
y un **rebaño** de elefantes,
un kiosco de **malaquita,**
un gran **manto** de tisú,
y una **gentil** princesita,
tan bonita,
Margarita,
tan bonita como tú.

Una tarde la princesa
vio una estrella aparecer;
la princesa era **traviesa**
y la quiso ir a coger.
La quería para hacerla
decorar un **prendedor,**
con un verso y una perla,
y una **pluma** y una flor.

Las princesas **primorosas**
se parecen mucho a ti:
cortan **lirios,** cortan rosas,
cortan **astros.** Son así.
Pues se fue la niña bella,
bajo el cielo y sobre el mar,
a cortar la blanca estrella
que la hacía suspirar.

Este era un rey—once there was a king
tienda—here, tent
rebaño—herd
malaquita—malachite (a semiprecious mineral)
manto—robe
tisú—fabric with gold or silver thread (lamé)
gentil—charming
traviesa—playful
prendedor—brooch
pluma—feather
primorosas—beautiful, exquisite
lirios—lilies
astros—stars

35 Y siguió camino arriba,
por la luna y más allá;
mas lo malo es que ella **iba**
sin permiso del papá.

Cuando estuvo ya **de vuelta**
40 de los parques del Señor,
se miraba toda envuelta
en un dulce **resplandor.**

Y el rey dijo: "¿Qué te has hecho?
Te he buscado y no te hallé;
45 y ¿qué tienes en el **pecho,**
que encendido se te ve?"

La princesa no **mentía.**
Y así, dijo la verdad:
"Fui a cortar la estrella mía
50 a la azul inmensidad."

Y el rey **clama:** "¿No te he dicho
que el azul no hay que tocar?
¡Qué locura! ¡Qué **capricho!**
El Señor se va a **enojar**".

55 Y dice ella: "No hubo intento;
yo me fui no sé por qué;
por las olas y en el viento
fui a la estrella y la corté".

---

iba—was going
de vuelta—back
se miraba—she looked
resplandor—radiance
pecho—breast
mentía—lied, was lying
clama—clamors, cries
capricho—whim
El Señor—Our Lord
enojar(se)—to be angry, to be displeased

Y el papá dice enojado:
60 "Un **castigo** has de tener:
vuelve al cielo, y **lo robado**
vas ahora a devolver".

La princesa **se entristece**
por su dulce flor de luz,
65 cuando entonces aparece
sonriendo el Buen Jesús.

Y así dice: "En mis **campiñas**
esa rosa le ofrecí:
son mis flores de las niñas
70 que al soñar piensan en mí".

Viste el rey ropas brillantes,
y luego hace **desfilar**
cuatrocientos elefantes
a la orilla de la mar.

75 La princesita está bella,
pues ya tiene el prendedor
en que **lucen,** con la estrella,
verso, perla, pluma y flor.

Margarita, está linda la mar,
80 y el viento
lleva esencia sutil de azahar:
tu aliento.

Ya que lejos de mí vas a estar,
guarda, niña, un **gentil pensamiento**
85 **al que** un día te quiso contar
un cuento.

---

castigo—punishment
lo robado—what was stolen
se entristece—becomes sad
campiñas—fields
desfilar—to march, to parade
lucen—pres. of *lucir;* here, to shine
ya que—since
gentil pensamiento—kind thought
al que—for he who

Un poema de Rubén Darío

I. Orden temporal. ¿Cuál de estos sucesos ocurre primero? ¿Cuál ocurre después? Numéralos de acuerdo al orden en que ocurren.

_____ a. La princesa se va a cortar la estrella.
_____ b. El rey dice que el Señor se va a enojar.
_____ c. La princesa ve una estrella.
_____ d. Ella se entristece.
_____ e. Jesús aparece sonriendo.
_____ f. El rey hace desfilar cuatrocientos elefantes.
_____ g. El papá le dice que debe devolver lo robado.
_____ h. Jesús dice que Él le ofreció el astro.

II. En otras palabras. ¿A qué cosa o persona se refieren las palabras indicadas en estos versos?

0. _a_ yo siento
   en el alma *una alondra* cantar:
   tu acento.
   a) la voz de Margarita   b) la cara de la princesa
   c) la esencia de azahar
1. _____ Cuando estuvo ya de vuelta
   de *los parques del Señor*
   a) el mar   b) el cielo   c) el monte
2. _____ Y así dice: "En mis campiñas
   esa rosa le ofrecí
   a) la estrella   b) la luna   c) una flor
3. _____ Ya que lejos de mí vas a estar,
   guarda, *niña*, un gentil pensamiento
   a) la princesa   b) la hija del rey   c) Margarita
4. _____ La princesa se entristece
   por *su dulce flor de luz*
   a) la luna   b) la perla   c) la estrella
5. _____ Fui a cortar la estrella mía
   a *la azul inmensidad*
   a) el mar   b) el cielo   c) el palacio de diamantes
6. _____ vuelve al cielo, y *lo robado*
   vas ahora a devolver
   a. la estrella   b) el lirio   c) una flor
7. _____ *El Señor* se va a enojar
   a) el rey   b) el papá   c) Jesús

III. Rima. La estrofa que vas a leer, de otro poema de Darío, sigue un patrón en cuanto a la rima. Lee la estrofa en alta voz y selecciona la palabra apropiada para completar la rima. Después, vuelve a leer la estrofa en alta voz.

¡Ay! La pobre princesa de la boca rosa
quiere ser golondrina, quiere ser (estrella, clavel, mariposa),
tener alas ligeras, bajo el cielo volar;
ir al sol por la escala luminosa de un rayo,
saludar a los lirios con los versos de (mayo, octubre, enero),
O perderse en el viento sobre el trueno del (mar, resplandor, rocío).

IV. Pareo. Escoje la palabra de la segunda columna que se asocia a las de la primera columna.

0. __b__ princesa   a. primorosas
1. _____ estrella   b. traviesa
2. _____ princesas   c. blanca
3. _____ resplandor   d. azul
4. _____ inmensidad   e. dulce
5. _____ ropas   f. brillantes

V. Comprensión y discusión. Contesta las siguientes preguntas.
   1. ¿Era Margarita una princesa?
   2. ¿Qué edad crees que tiene Margarita?
   3. ¿Qué decora el prendedor de la princesa, además de una perla, una pluma y una flor?
   4. ¿Dice eso algo acerca de ella?
   5. ¿Qué le añade ahora?
   6. ¿Por qué está enojado el rey?
   7. ¿Qué castigo da a su hija?
   8. Al final del poema hay un verso que sugiere lo que Margarita va a hacer. ¿Puedes encontrar cuál es?

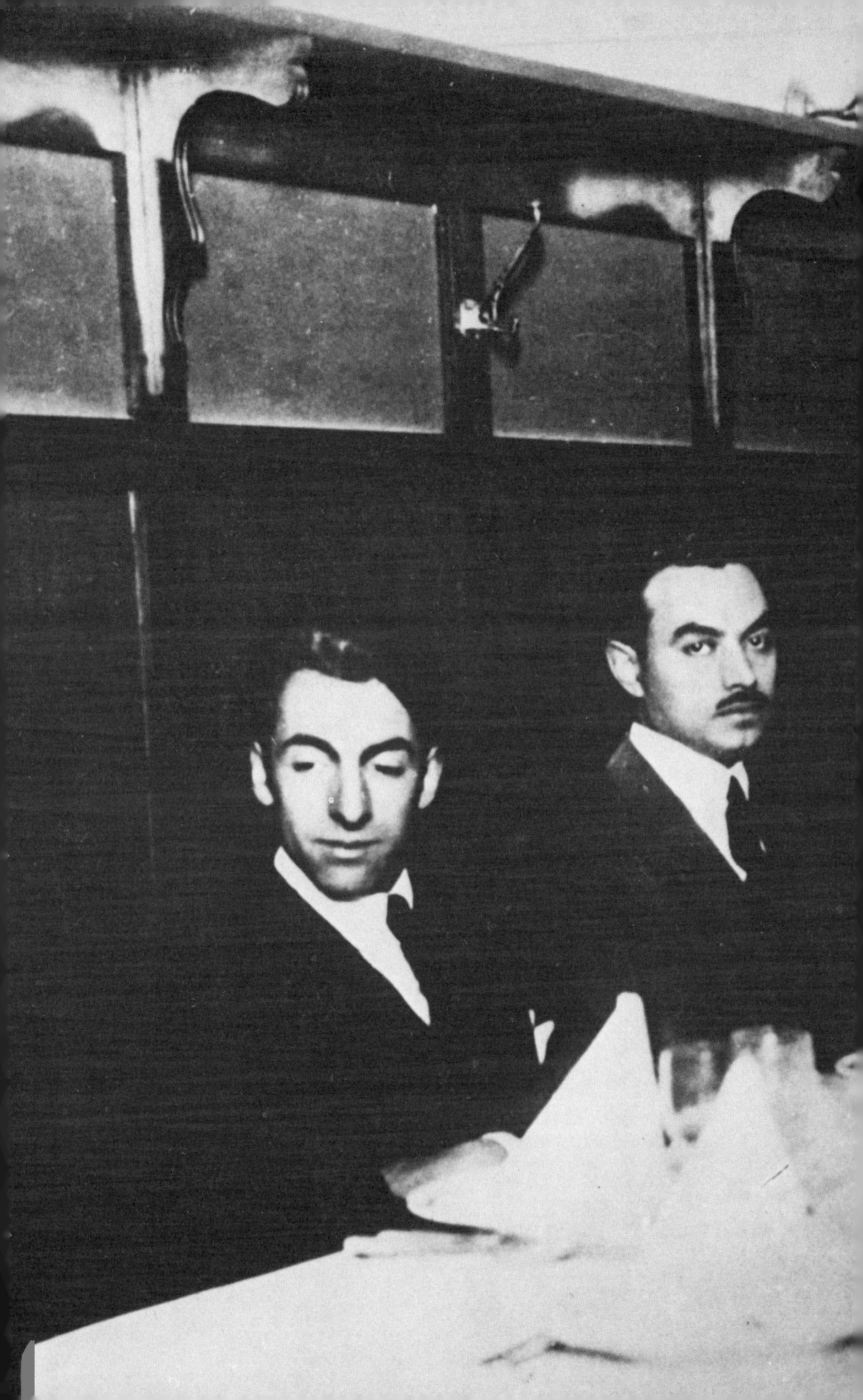

6
Dos poetas contemporáneos

Pablo Neruda y Nicolás Guillén son dos poetas hispanoamericanos de nuestro tiempo. Neruda es chileno y recibió el Premio Nobel de Literatura en 1971, dos años antes de su muerte. Es uno de los poetas de producción más abundante en la América hispana. Guillén es cubano y fue de los primeros escritores en tratar el tema de la vida y la cultura de los negros del Caribe. El sentido del ritmo que hay en su obra ha hecho que muchos de sus poemas se hayan popularizado como canciones.

El "Poema XX" es uno de los primeros que Neruda escribió. Trata el tema del amor (¿o del desamor?) en una forma bastante original. *¿Está seguro el hablante de lo que dice en el poema?*

"Oda al día feliz" es una de las muchas "odas elementales" de Neruda. Sus odas son poemas en lenguaje sencillo sobre realidades cotidianas como el limón, los calcetines y el diccionario. *¿Cómo ve el amor el hablante del poema? ¿Cómo se siente?*

"La muralla" es uno de los poemas más conocidos de Guillén. Varios grupos musicales lo cantan. *¿Por qué debe abrirse y cerrarse la muralla? ¿Qué significado tiene para ti la muralla?*

Pablo Neruda en 1924 *(Cortesía de Margarita Aguirre).*

Pablo Neruda

POEMA XX

Puedo escribir los versos más tristes esta noche.
Escribir, por ejemplo: "La noche está **estrellada**
y **tiritan**, azules, los astros, a lo lejos".
El viento de la noche **gira** en el cielo y canta.
5   Puedo escribir los versos más tristes esta noche.
Yo la quise, y a veces ella también me quiso.
En las noches como ésta la tuve entre mis brazos.
La besé tantas veces bajo el cielo infinito.
Ella me quiso, a veces yo también la quería.
10   Cómo no haber amado sus grandes ojos fijos.
Puedo escribir los versos más tristes esta noche.
Pensar que no la tengo. Sentir que la he perdido.
Oír la noche inmensa, más inmensa sin ella.
Y el verso cae al alma como al **pasto** el rocío.
15   ¿Qué importa que mi amor **no pudiera guardarla**?
La noche está estrellada y ella no está conmigo.
Eso es todo. A lo lejos alguien canta. A lo lejos.
Mi alma no se contenta con haberla perdido.
Como para acercarla mi mirada la busca.
20   Mi corazón la busca, y ella no está conmigo.
La misma noche que **hace blanquear** los mismos árboles.
Nosotros, **los de entonces,** ya no somos los mismos.

---

estrellada—starry
tiritan—twinkle
gira—turns
pasto—pasture, grass
no pudiera guardarla—could not keep her
hace blanquear—whitens
los de entonces—the ones we were

Ya no la quiero, es cierto, pero cuánto la quise.
25 Mi voz buscaba el viento para tocar su oído.

De otro. **Será de otro.** Como antes de mis besos.
Su voz, su cuerpo claro. Sus ojos infinitos.

Ya no la quiero, es cierto, pero cuánto la quise.
Es tan corto el amor, y es tan largo el olvido.

30 Porque en noches como ésta la tuve entre mis brazos,
mi alma no se contenta con haberla perdido.

Aunque éste sea el último dolor que ella me causa,
y éstos sean los últimos versos que yo le escribo.

Pablo Neruda en la época en que escribió los poemas de amor (*From* The Poetry of Pablo Neruda, *René de Costa, Harvard University Press, 1979. Foto cortesía de Margarita Aguirre*).

---

será de otro—she will probably love somebody else (belong to another)
Aunque éste sea—though this might be *(subjunctive)*

Neruda fue el segundo poeta chileno en obtener el premio Nobel. Gabriela Mistral lo había recibido en 1946.

ODA AL DIA FELIZ

Esta vez **dejadme**
ser feliz,
nada ha pasado a nadie,
no estoy en parte alguna,
5 sucede solamente
que soy feliz
por los cuatro **costados**
del corazón, andando,
durmiendo o escribiendo.
10 **Qué voy a hacerle,** soy
feliz.

---

dejadme—let me
costados—sides
Qué voy a hacerle—What can I do?

Soy más **innumerable**
que el pasto
en las **praderas,**
15 siento la piel como un árbol **rugoso**
y el agua abajo,
los pájaros arriba,
el mar como un **anillo**
en mi **cintura,**
20 hecha de pan y piedra la tierra
el aire canta como una guitarra.
Tú a mi lado en la arena
eres arena,
tú cantas y eres canto,
25 el mundo
es hoy mi alma,
canto y arena,
el mundo
es hoy tu boca,
30 dejadme
en tu boca y en la arena
ser feliz,
ser feliz porque sí, porque respiro
y porque tú respiras,
35 ser feliz porque toco
tu **rodilla**
y es **como si tocara**
la piel azul del cielo
y su frescura.
40 Hoy dejadme
a mí solo
ser feliz,

---

innumerable—countless
praderas—prairies
rugoso—wrinkly
anillo—ring
cintura—waist
rodilla—knee
como si tocara—as if I touched *(subjunctive)*

con todos o sin todos,
ser feliz
con el pasto
y la arena,
ser feliz
con el aire y la tierra,
ser feliz,
contigo, con tu boca,
ser feliz.

Nicolás Guillén

LA MURALLA
Para hacer esta **muralla,**
tráiganme todas las manos:
los negros sus manos negras,
los blancos, sus blancas manos.
Ay,
una muralla **que vaya**
desde la playa hasta el monte,
desde el monte hasta la playa, bien,
allá sobre el horizonte.
—**¡Tun, tun!**
—¿Quién es?
—Una rosa y un **clavel** . . .
—¡Abre la muralla!

> **muralla**—wall
> **que vaya**—that would go *(subjunctive of ir)*
> **¡Tun, tun!**—knock, knock
> **clavel**—carnation

—¡Tun, tun!
15 —¿Quién es?
—El **sable** del coronel . . .
—¡Cierra la muralla!

—¡Tun, tun!
—¿Quién es?
20 —La paloma y el laurel . . .
—¡Abre la muralla!

—¡Tun, tun!
—¿Quién es?
—El **alacrán** y el **ciempiés** . . .
25 —¡Cierra la muralla!

Al corazón del amigo,
abre la muralla;
al **veneno** y al **puñal,**
cierra la muralla;
30 al **mirto** y la **yerbabuena,**
abre la muralla;
al diente de la serpiente,
cierra la muralla;
al **ruiseñor** en la flor,
35 abre la muralla . . .

Alcemos una muralla
juntando todas las manos;
los negros, sus manos negras,
los blancos, sus blancas manos.
40 Una muralla que vaya
desde la playa hasta el monte,
desde el monte hasta la playa, bien,
allá sobre el horizonte . . .

---

sable—sword
alacrán—scorpion
ciempiés—centipede
veneno—poison
puñal—dagger
mirto—myrtle
yerbabuena—mint
ruiseñor—nightingale
Alcemos—let's build (literally, raise, *alzar*)

Dos poetas contemporáneos

I. Comprensión. Estas oraciones contienen material temático que se presenta en el "Poema XX". ¿Puedes encontrar los versos donde aparecen estos datos?

   0. En el momento en que se escribe el poema es de noche.
      Puedo escribir los versos más tristes *esta noche.*
      En las noches *como ésta* la tuve entre mis brazos.
   1. Los ojos de la mujer que amó son hermosos y profundos.
   2. El hablante está sin la amada.
   3. Se oye la voz de otra persona.
   4. El que habla está triste.
   5. Y quisiera tener próxima a la amada.
   6. El y ella han cambiado.
   7. El que habla es un poeta.
   8. Y cree (¿decide?) que ya no sufrirá más por ese amor.

II. Grupos de palabras. En "La muralla", el muro debe abrirse o cerrarse de acuerdo a las cosas que tocan o llaman a la puerta. Unas son buenas, otras malas. En esta lista, ambas están mezcladas. ¿Puedes separarlas, indicando B si son buenas o M si son malas?

   __B__ la rosa
   ____ el clavel
   ____ la paloma
   ____ el sable del coronel
   ____ el laurel
   ____ el alacrán
   ____ la yerbabuena
   ____ el ciempiés
   ____ el corazón del amigo
   ____ el veneno
   ____ el ruiseñor
   ____ el mirto
   ____ el puñal
   ____ el diente de serpiente

III. Pareo. En "Oda al día feliz", las palabras de la columna izquierda se comparan o se asocian poéticamente a las de la columna derecha. ¿Puedes parearlas?

    a. un árbol rugoso   __f__ 0. el aire canta
    b. la piel azul del cielo   _____ 1. el mar
    c. canto y arena   _____ 2. la piel (del que habla)
    d. mi alma y tu boca   _____ 3. tu rodilla
    e. un anillo en mi cintura   _____ 4. el mundo
    f. una guitarra   _____ 5. tú

IV. Comprensión y discusión. Contesta las siguientes preguntas.

1. En el primer poema de Neruda, el poeta dice "a veces yo también la quería". ¿Crees que eso es cierto?
2. ¿Puedes encontrar una frase que niega la frase anterior en el mismo poema?
3. ¿Cuál es la idea fija que el poeta repite?
4. ¿Por qué está triste el poeta? ¿Y por qué está feliz en el próximo poema?
5. ¿Para qué quiere el hablante en el poema de Guillén alzar una muralla?
6. ¿Qué cosas buenas quiere dejar entrar?
7. ¿Quiénes han de alzar esa muralla?
8. En ese mismo poema, ¿puedes encontrar palabras que rimen con *horizonte, coronel, vaya, ruiseñor*?

V. Crucigrama con las palabras de los poemas. ¿Puedes hacerlo?

Horizontales
2. arma que mata
4. construir, levantar
5. animal que tiene veneno
7. parte de la pierna
8. sonido cuando alguien toca a la puerta (se repite)
9. lo opuesto de alegre
12. arma militar
14. sustancia que mata
15. montaña

Verticales
1. muro, pared
3. lo que divide al cuerpo por la mitad
6. flor
7. pájaro
10. persona que ella ama
11. pradera, hierba
13. forma **tú** del verbo ser
14. línea de un poema
15. océano

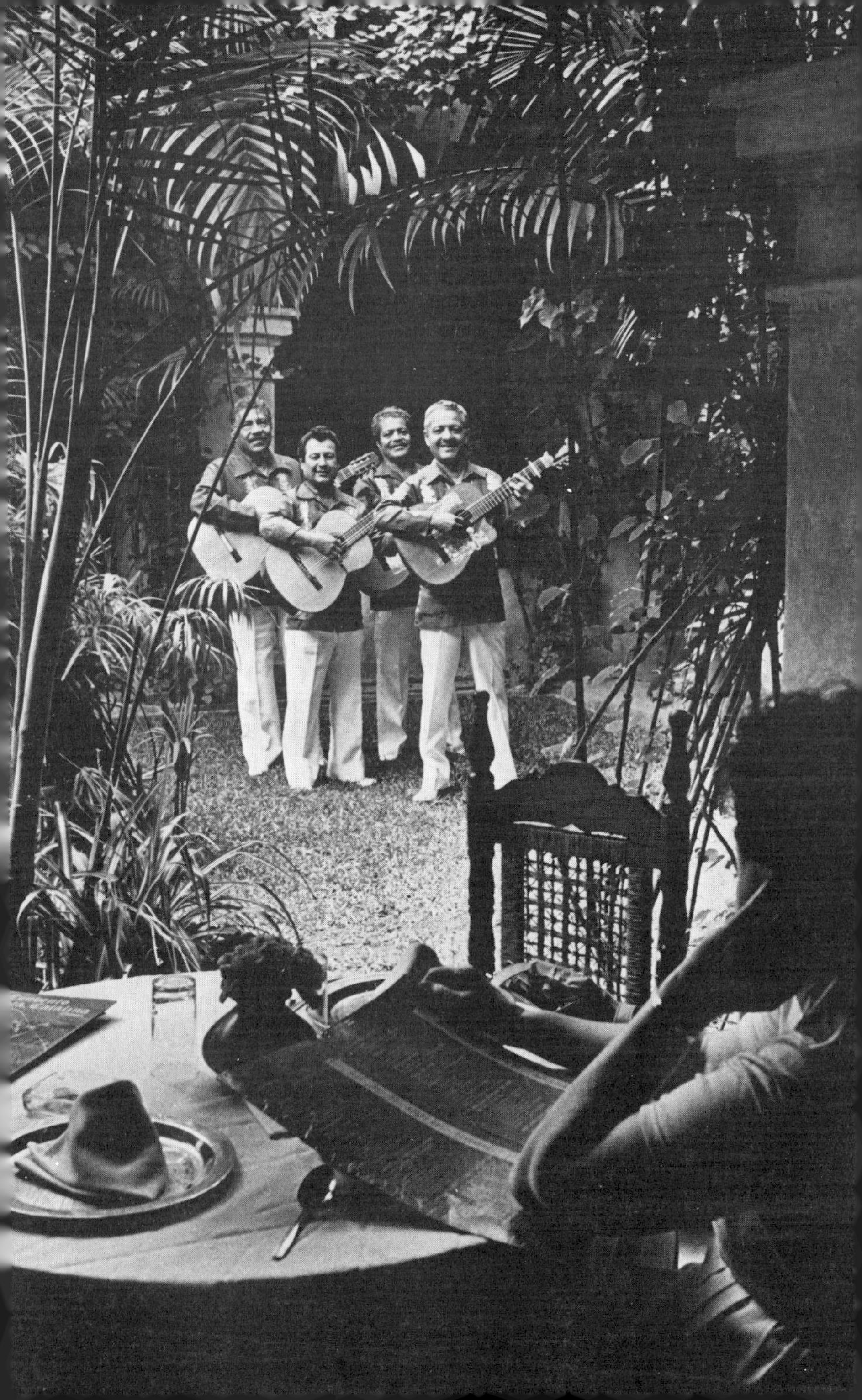

7
Canciones hispanoamericanas

Las canciones tradicionales de los países de Hispanoamérica son muy diversas. Algunas vinieron de España y se cantan, modificadas, en todos esos países. Otros cantos se originaron en tierras americanas y sólo son populares en una región específica. En algunas áreas hay influencias de la música indígena o africana. Todo esto hace que el panorama musical de estos países sea muy complejo.

De las canciones que se incluyen aquí, la primera, una "vidalita", es típica de Argentina y Uruguay. Originalmente la cantaban los gauchos de la pampa. *La vida solitaria de estos hombres se refleja en estas canciones. ¿Cómo?*

"Las mañanitas" y "La llorona" son de México. Al igual que la vidalita, son canciones que varían, pues hay muchas versiones que se pueden combinar en una canción.

"La llorona" procede de una antigua leyenda en la que una mujer llora por su niño muerto. Joan Baez canta una versión de esta canción. *¿Son alegres o tristes estas canciones?*

"Las mañanitas" se canta en las serenatas que le dan a una muchacha, o a un amigo o amiga en el día de su cumpleaños. *¿Qué propósito tiene la canción?*

Canciones mexicanas en Oaxaca *(Katherine A. Lambert).*

PALOMITA BLANCA, VIDALITA

[musical notation]

Pa-lo-mi-ta blan-ca, vi-da-li-ta, de pi-qui-to ro-sa,
di-le al mun-do en-te-ro, vi-da-li-ta, que es mi pa-tria her-mo-sa
di-le al mun-do en-te-ro, vi-da-li-ta, que es mi pa-tria her-mo-sa.

1
Palomita blanca, vidalita
de **piquito** rosa,
dile al mundo entero, vidalita,
que es mi patria hermosa.
2
Palomita blanca, vidalita,
pechito **encarnado,**
salió tan **ingrata,** vidalita,
que **se me ha volado.**
3
Y en mi pobre **rancho,** vidalita,
no encuentro la calma,
desde que te fuiste, vidalita,
dueña de mi alma.

>**palomita**—diminutive of *paloma,* dove
>**piquito**—diminutive of *pico,* beak
>**encarnado**—red
>**ingrata**—ungrateful
>**se me ha volado**—has flown away from me
>**rancho**—here, hut
>**dueña**—owner *(fem.)*

4
En el monte **gime,** vidalita,
gime la **torcaz,**
porque vive **errante,** vidalita,
en la soledad.
5
Palomita blanca, vidalita,
de suaves **plumitas,**
lleva un beso mío, vidalita,
a mi **madrecita.**

LA LLORONA

¡Ay de mí! llo-ro-na, llo-ro-na, llo-ro-na, llé-va-me al río; río; tá-pa-me con tu re-bo-zo, llo-ro-na, por-que me mue-ro de frí-o, tá-pa-me con tu re-bo-zo, llo-ro-na, por-que me mue-ro de frí-o.

gime—present tense of *gemir,* to moan
torcaz—wild pigeon
errante—wandering
plumitas—diminutive of *plumas,* feathers
madrecita—diminutive (endearing) of *madre*

1
¡Ay de mí!, **llorona,** llorona,
llorona, llévame al río;
tápame con tu **rebozo,** llorona,
porque me muero de frío.
2
De tarde se me hace triste, llorona,
de noche con más razón,
y llorando **me amanece,** llorona,
llorando **se pone el sol.**
3
Dos besos llevo en el alma, llorona,
que no se apartan de mí,
el último de mi madre, llorona,
y el primero que te di.
4
La **pena** y la que no es pena, llorona,
todo es pena para mí;
ayer lloraba por verte, llorona,
y hoy lloro porque te vi.
5
¡Ay de mí!, llorona, llorona,
llorona **de azul celeste,**
aunque la vida me cueste, llorona,
no dejaré de quererte.

---

llorona—one who is always crying *(fem.)*
tápame—cover me
rebozo—woman's shawl
me amanece—daybreak finds me
se pone el sol—the sun sets
pena—sorrow
de azul celeste—dressed in sky blue
aunque la vida me cueste—even though it costs me my
(*subjunctive*)

LAS MAÑANITAS

1
Estas son las mañanitas
que cantaba el rey David;
y a las muchachas bonitas
se las cantamos así:

Despierta, **mi bien,** despierta,
mira que ya amaneció,
ya los pajaritos cantan,
la luna ya **se metió.**

---

mi bien—here, my dearest
se metió—went in, disappeared

2
Si el **sereno** de la **esquina**
me **quisiera** hacer favor
de apagar su **linternita**
mientras que pasa mi amor.

Despierta, mi bien, despierta . . .

3
Ahora sí, señor sereno,
le **agradezco** su favor,
prenda usted su linternita,
que ya ha pasado mi amor.

Despierta, mi bien, despierta . . .

4
Qué bonita mañanita,
como que quiere llover;
así estaba la mañana
cuando te empecé a querer.

Despierta, mi bien, despierta . . .

---

sereno—night watchman
esquina—corner
quisiera—would like
linternita—diminutive of *linterna*, lantern
agradezco—present tense of *agradecer*, to thank
prenda usted—turn on *(command)*
como que—here, as if

Canciones hispanoamericanas

I. Selección. Escoge la palabra o frase que completa la oración o contesta la pregunta.

A. PALOMITA BLANCA, VIDALITA
0. En la segunda y la tercera vidalita habla:
   a. un hombre   b. una mujer   c. la palomita
1. En la primera, segunda y quinta, la persona que habla se dirige a:
   a. la palomita   b. su amante   c. su madre
2. La "dueña de mi alma" es:
   a. la amada del que habla   b. la persona que habla   c. la calma
3. ¿Cuál de estas palabras no es el nombre de una parte de la paloma?
   a. pico   b. plumas   c. torcaz
4. La paloma de la cuarta vidalita gime en el monte porque está:
   a. lejos   b. sola   c. herida
5. El que habla en la quinta vidalita le pide a la palomita llevar un beso:
   a. a su madre   b. a su enamorada   c. a la torcaz

B. LA LLORONA
1. En la primera versión, el que habla le pide a la llorona que lo tape porque:
   a. quiere ir al río   b. murió   c. tiene frío
2. En la segunda, el hablante dice que siempre:
   a. está alegre   b. se siente feliz   c. está triste
3. En la última, le dice a la llorona:
   a. que una vez la quiso   b. que ya no la quiere   c. que siempre la querrá

C. LAS MAÑANITAS
1. Esta canción se canta:
   a. tarde en la noche   b. al mediodía   c. temprano en la mañana
2. El favor que hace el sereno es:
   a. apagar la linternita   b. cantar una canción   c. despertar a la amada
3. La mañana en que el hablante empezó a querer a su amada:
   a. era fría   b. estaba soleada   c. estaba nublada

II. ¿Puedes pedir lo contrario?

0. *Dile* al mundo que mi patria es hermosa.
   No le digas al mundo que mi patria es hermosa.
1. Lleva un beso mío a mi madrecita.
2. Llévame al río.
3. Tápame con tu rebozo.
4. Despierta, mi bien.
5. Prenda usted su linternita.

III. Diminutivos. Escribe la forma original de las palabras que aparecen aquí en diminutivo.

0. palomita   *paloma*
1. pechito
2. plumitas
3. madrecita
4. pajarito
5. linternita
6. mañanita

IV. Busca en las canciones las palabras que riman con las palabras de esta lista. Luego escribe cualquier otra palabra con la misma rima.

0. rosa   hermosa   fosa
1. encarnado
2. calma
3. plumitas
4. río
5. mí
6. mañanitas
7. favor

RESPUESTAS (Answer Key)
Capítulo 1. Tres romances

I. A) 1. c   2. b   3. a   B) 1. a, c   2. a, c   3. b   4. c   C) 1. c   2. b
   3. b   4. a   5. a

II. 1. c   2. a   3. d   4. g   5. f   6. e

III. 1. cuerpo   2. murió   3. entierran   4. ramitas   5. nació
   6. años

IV. 1. d   2. d   3. b   4. d   5. a

V. A. 1. marinero   2. rama   3. soldado   4. hijos   5. Catalina
   6. sirena
   B. a. monjita   b. caballito   c. rosita   d. cielito   e. niñita
   f. Juanito

Capítulo 2. Cantos tradicionales

I. A. Asonantes: a) todas menos 4, alegría   b) todas menos 4, boda   c) todas menos 2, colorado
   B. Consonantes—todas menos a) 3   b) 5   c) 4

II. 1. Porque no tienen comida (pan) para la fiesta.   2. En lo alto de un pino en una versión y en el "mosquital" en la otra.   3. El lobo, porque los lobos comen carne (becerro).   4. La araña.   5. Porque el ratón corre por todas partes.   6. La madrina, que es una gata, se come al padrino, que es un ratón.   7. Iré, seré, daré.

III. 1. con   2. a, al   3. con   4. a, al   5. de   6. por   7. Al, de
   8. desde   9. por, de, para

IV. a. 5   b. 2   d. 4   e. 6   f. 1   g. 3

V. 1. tenemos   2. hilar   3. hallaremos   4. cantar   5. padrino
   6. gato

Capítulo 3. Dos poetas románticos

I. 1. Gallegos, sevillanos.   2. Pesimistas.   3. La felicidad.   4. Las campanas.   5. Suspiros y lágrimas.   6. Con la amada.   7. Por orgullo; ella dejó de llorar y él calló.   8. Para contemplar "tu hermosura y mi dicha".

II. 1. *ellas*—las campanas; *lo*—el rayo del alba; *sus*—de las campanas 2. *lo*—¿qué es poesía? 3. *otro*—otro camino; *nuestro*—mío y suyo (de ella) 4. *aquellas*—golondrinas; *ésas*—golondrinas 5. *sus*—de las madreselvas 6. *aquellas*—madreselvas; *cuyas*—de rocío

III. 1. b 2. b 3. c 4. a 5. b 6. b 7. c

IV. 1. cielo 2. lágrima 3. amable 4. tenga 5. número 6. rumor 7. trenza

V. a. 1 b. 5 c. 0 d. 3 e. 2 f. 4

Capitulo 4. Versos de Martí

I. 6 y 7 son ciertos.
1. Tiene un buen amigo. 2. La cultiva para el amigo sincero y para el enemigo. 3. Es rico, pues tiene un tesoro. 4. El pastor vive en una casa en los álamos del monte. 5. Tenía un solo hijo.

II. a. 4 b. 7 c. 0 d. 6 e. 1 f. 2 g. 3 h. 5

III. 1. a 2. b 3. b 4. b 5. c 6. b

IV. 1. mi verso es de un verde *claro*
2. que busca en el monte *amparo*
3. para el *amigo* sincero
4. yo quiero *salir* del mundo
5. a *morir* me han de llevar/a *morir* como un traidor
6. yo soy *bueno* y como *bueno*
7. el laurel del patio *grande*
8. una caja *larga* y honda
9. entra y sale un perro *triste*
10. canta allá *adentro* una voz

Capítulo 5. Un poema de Rubén Darío

I. 1. c 2. a 3. b 4. g 5. d 6. e 7. h 8. f

II. 1. b 2. a 3. c 4. c 5. b 6. a 7. c

III. Mariposa, mayo, mar.

IV. 1. c 2. a 3. e 4. d 5. f

V. 1. No, era una niña. 2. No se sabe de cierto. 3. Un verso. 4. Ella apreciaba mucho la poesía. 5. Una estrella. 6. Porque Margarita no tenía permiso de su papá. 7. Ella ha de devolver lo robado (o tiene que devolver). 8. "Ya que lejos de mí vas a estar": quizás Margarita se va de viaje.

Capítulo 6. Dos poetas contemporáneos

I. 1. Cómo no haber amado sus *grandes ojos fijos*.
   Su voz, su cuerpo claro. Sus *ojos infinitos*.
 2. Pensar que *no la tengo*. Sentir que *la he perdido*.
    Oír la noche inmensa, más inmensa *sin ella*.
    La noche está estrellada y *ella no está conmigo*.
    Mi alma no se contenta con *haberla perdido*.
    Mi corazón la busca, y *ella no está conmigo*.
 3. Eso es todo. A lo lejos *alguien canta*. A lo lejos.
 4. Puedo escribir los versos *más tristes* esta noche.
 5. Como para acercarla mi mirada la busca.
 6. Nosotros, los de entonces, ya no somos los mismos.
 7. Puedo *escribir los versos*....
    y estos sean *los últimos versos que yo le escribo*.
 8. Aunque éste sea el último dolor que ella me causa.

II. Buenas: la rosa, el clavel, la paloma, el laurel, la yerbabuena, el corazón del amigo, el ruiseñor, el mirto. Malas: el sable del coronel, el alacrán, el ciempiés, el veneno, el puñal, el diente de la serpiente.

III. 1. e 2. a 3. b 4. d 5. c

IV. 1. Respuestas individuales. 2. El poeta niega lo que dice varias veces en el poema. Pero dice dos veces "Ya no la quiero, es cierto, pero *cuánto la quise*". 3. "Puedo escribir los versos más tristes esta noche". 4. Ha perdido a su amada. Porque su amada está con él. 5. Porque quiere dejar entrar en la vida sólo las cosas buenas. 6. Muchas cosas que significan lo bueno, el amor y la paz. 7. Todo el mundo. 8. horizonte: monte; coronel: laurel, clavel, es, bien, ciempiés; vaya: playa, quizás, muralla; ruiseñor: flor

V. Crucigrama.

```
            M
        P U Ñ A L         C
      A L Z A R           I
          A L A C R Á N
          L       L       T
    R O D I L L A A     T U N
    U       A     V       R
  T R I S T E   P E       A
    S       L S A B L E
V E N E N O     S       R
E     Ñ   M O N T E   E
R     O   A     O       S
S     R   R
O
```

Capítulo 7. Canciones hispanoamericanas

I. A. 1. a 2. a 3. c 4. b 5. a
   B. 1. c 2. c 3. c
   C. 1. c 2. a 3. c

II. 1. No le lleves un beso mío a mi madrecita. 2. No me lleves al río. 3. No me tapes con tu rebozo. 4. No despiertes, mi bien. 5. No prenda usted su linternita.

III. 1. pecho 2. plumas 3. madre 4. pájaro 5. linterna 6. mañana

IV. 1. volado 2. alma 3. madrecita 4. frío 5. vi, di 6. bonitas 7. amor (Las otras palabras son respuestas individuales.)